ÉCLAIRCISSEMENTS

SUR LA DESTINATION

DE TROIS ZODIAQUES ANTIQUES

SAVOIR :

LE ZODIAQUE RECTANGULAIRE DE DENDERAH,
LE ZODIAQUE DU CERCUEIL DE L'ÉGYPTIEN PÉTÉMÉNON,
ET LE ZODIAQUE DE L'ÉGLISE NOTRE-DAME DE PARIS

et explication de certains symboles qui s'y trouvent.

PAR M. DE BRIÈRE,

auteur de l'Histoire du Prix de Volney, et qui a tenu, en 1837 et 1838,
un Cours public et gratuit sur les Hiéroglyphes Égyptiens
et les Mystères du Paganisme.

Avec une planche lithographiée.

PARIS.

IMPRIMERIE DE DUCESSOIS, QUAI DES AUGUSTINS, 37.

1839.

V

ÉCLAIRCISSEMENTS

SUR LA DESTINATION

DE TROIS ZODIAQUES ANTIQUES

SAVOIR :

LE ZODIAQUE RECTANGULAIRE DE DENDERAH ;
LE ZODIAQUE DU CERCUEIL DE L'ÉGYPTIEN PÉTÉMÉNON,
ET LE ZODIAQUE DE L'ÉGLISE NOTRE-DAME DE PARIS ;

et explication de certains symboles qui s'y trouvent;

PAR M. DE BRIÈRE,

Auteur de l'Histoire du prix de Volney, et qui a tenu, en 1837 et 1838,
un Cours public et gratuit sur les Hiéroglyphes Égyptiens
et les Mystères du Paganisme.

Avec une planche lithographiée.

IMPRIMERIE DE DUCESSOIS, QUAI DES AUGUSTINS, 55

1839.

ÉCLAIRCISSEMENTS

SUR LA QUESTION

DE TROIS SONNETS MYSTIQUES

PAR L. DE BRIÈRE

LIBRAIRIE DE DUPRESSOIR, QUAI DES AUGUSTINS, 45.

1839.

ÉCLAIRCISSEMENTS

SUR LA DESTINATION

DE TROIS ZODIAQUES ANTIQUES

Les hiéroglyphes égyptiens et les religions de l'antiquité n'ont point encore été considérés de ce point de vue élevé, qui, seul, permet d'en saisir l'ensemble et la portée. Le rapport qui unit toutes les anciennes croyances religieuses entre elles, et le lien qui rattache ces croyances aux sciences sacerdotales, aux figures symboliques, et celles-ci à l'idiome sacré, étant méconnus, l'esprit qui veut pénétrer dans la vaste étendue des mystères religieux des peuples anciens, ne trouvant aucun guide pour le conduire, marche au hasard et s'enfonce dans un dédale inextricable d'ou il ne peut plus se tirer.

Telle est la cause des systèmes nombreux, des opinions plus ou moins erronées qui ont surgi sous la plume des archéologues, touchant les symboles religieux, et les dogmes du paganisme. C'est parce que rien ne pouvait diriger l'essor capricieux des esprits, qu'ils se sont lancés, libres de toutes entraves, dans le vague des airs, et se sont perdus dans les nuages.

Dans le Cours public et gratuit que j'ai tenu en 1837 et 1838, pour donner l'explication des hiéroglyphes égyptiens et des mystères du paganisme, j'ai dû présenter à mes auditeurs un aperçu de ces systèmes bizarres qui pullullent dans le monde savant : j'ai dû, pour combattre ces diverses conceptions, m'entourer de toute la puissance du raisonnement, réunir en faisceau tous les faits matériels que présentent les monuments, et invoquer à mon aide le témoignage des auteurs anciens.

De tous les systèmes, celui qui méritait le plus d'attirer mon attention, était celui de M. Champollion ; l'immense réputation dont il jouit, la haute estime que des hommes de talent et justement renommés, lui ont accordée, l'apparente confirmation qu'il a tirée des noms propres qu'on a cru voir sur les monuments, et d'une interprétation peu exacte d'un auteur ancien ; tout m'imposait l'obligation de procéder contre lui avec méthode, et d'enlever le terrain pied à pied : tout en rendant justice aux efforts généreux et honorables de M. Champollion, pour l'interprétation des hiéroglyphes, j'ai dû montrer que ces efforts avaient été vains et sans effet : aussi un de mes auditeurs vint annoncer, en 1837, au congrès de l'Institut historique, que j'avais renversé le système de Champollion. Cette discussion ne pouvait nuire à la famille de M. Champollion, dont le sort était fixé définitivement.

J'ai fait voir que la méthode que M. Champollion supposait appartenir aux Égyptiens, n'avait jamais été mise en usage par ceux-ci, parce qu'elle est impraticable et incompréhensible : que, même en lui accordant une possibilité d'emploi qu'elle n'a pas, il faudrait admettre dans l'application et dans la combinaison des signes, un arbitraire qui répugne au bon sens : que ses symboles abstraits et son système littéral, si multiple et si étendu, sont condamnés formellement par toute l'antiquité et principalement par ce Saint-Clément d'Alexandrie, sur lequel M. Champollion a appuyé sa doctrine erronée ; et qu'enfin, toute cette machine si compliquée ne peut se soutenir qu'en admettant un fait évidemment faux, et qui est démenti par tous les monuments, savoir, la séparation des mots ; et ce dernier reproche est commun à tous les systèmes qui ont paru jusqu'à ce jour : mais un reproche particulier au système de M. Champollion, c'est de vouloir mettre en avant cette autre erreur, savoir, que la langue éthiopienne était la même que la langue cophte, parce queles Éthiopiens faisaient usage des hiéroglyphes égyptiens, qui ont été, au reste, empruntés aux Éthiopiens par les Égyptiens. Cette confusion des langues éthiopiennes et cophtes est inconcevable, car il n'y a pas deux idiômes plus dissemblables entre eux sous le rapport du son des mots et de la syntaxe.

Passant ensuite à la lecture des noms propres de rois, de particuliers ou de divinités, j'ai démontré, par des preuves historiques et monumentales, que tous ces noms qu'on a cru voir sur les monuments, ou ne s'y trouvent pas du tout, ou y sont inscrits d'une autre manière que M. Champollion le croyait. J'ai fait connaître à mes auditeurs un monument qui est au Louvre, au musée d'antiquités, aux statues égyptiennes, n° 369, et qui démontre invinciblement que le nom de Ptolémée, que M. Champollion et le docteur Young croyaient être représenté par huit signes, ne saurait l'être que par trois, ou par quatre tout au plus (en supposant toutefois que c'est bien ce nom propre que contient le cartouche de l'inscription de Rosette; ce que je ne crois plus).

J'ai fait voir ensuite que l'erreur de M. Champollion provenait de ce que ce savant archéologue méconnaissait l'existence de cette langue primitive, originairement étrangère à l'Égypte, devenue par la suite l'idiome propre du sacerdoce et le véhicule des sciences sacerdotales, non-seulement en Égypte, mais encore dans la plus grande partie du monde ancien, et que toute l'antiquité reconnaît.

J'ai donc démontré que ces deux grandes erreurs, la confusion de la langue vulgaire avec la langue sacerdotale, chez les Égyptiens, et la supposition que les mêmes hiéroglyphes étaient tantôt des signes alphabétiques ou des symboles abstraits, avait conduit M. Champollion à nous présenter un système inintelligible.

J'ai expliqué la cause de l'obscurité qui règne dans son Panthéon, en montrant qu'il avait oublié d'établir un système théologique et de rapporter ce système à quelque chose de positif : en outre les figures de divinités et les emblèmes zodiacaux ne présentaient à ses yeux qu'une masse d'êtres fantastiques, inventés à plaisir, et non point des signes empruntés à l'écriture sacrée et représentant la langue sacerdotale.

Après avoir montré l'erreur, j'ai marché à la conquête de la vérité.

Montrer le paganisme et ses symboles dans leur simplicité native, et écarter tous ces vains fantômes dont on se plaisait à effrayer l'imagination du public, telle était la tâche que j'avais à remplir, et que je crois avoir accomplie avec honneur.

J'ai démontré d'abord, d'après les auteurs anciens et les monuments, l'existence de la langue sacrée des Prêtres égyptiens, et sa communauté aux Prêtres et aux initiés des divers pays. Cette communauté entraîne aussi celle des écritures hiéroglyphiques. J'ai exposé aussi l'organisation intérieure du sacerdoce ancien.

J'ai expliqué que la *magie* avait pour base la langue sacrée, puisqu'il était reconnu dans l'antiquité que la substitution d'un autre idiome à l'idiome sacré, rendait nulles et sans effet toutes les prières et toutes les invocations.

Puis j'ai fait voir que les écritures sacerdotales ou hiéroglyphes, destinées à la transcription de la langue sacrée, étaient complétement représentatives et olophoniques, c'est-à-dire que chaque objet figuré reproduisait toujours son nom propre et habituel, à la manière de ce que nous appelons *rébus;* et que c'étaient les noms des objets, et non les objets seulement, qui étaient pris dans un sens symbolique. J'ai appelé en témoignage tous les auteurs anciens qui ont parlé de la méthode hiéroglyphique; tous ont répondu uniformément, et ont confirmé mes assertions (1). J'ajouterai que cette méthode est la seule

---

(1) Le passage de Saint-Clément d'Alexandrie qui a subi tant d'interprétations diverses, a été mal compris généralement parce qu'on n'avait pas des idées bien justes sur la nature du système hiéroglyphique et sur la langue sacrée, et aussi à cause de la mauvaise ponctuation du texte grec de ce passage.

Ainsi je pense qu'au lieu de ης, η μεν εστι δια των πρωτων στοιχειων κυριολογικη · η δε, συμβολικη; il faut écrire : ης, η μεν εστι, δια των πρωτων στοιχειων, κυριολογικη, η δε συμβολικη, parce que l'explication de δια των πρωτων στοιχειων est commune aux deux membres κυριολογικη et συμβολικη. J'ai fait voir dans mes lithographies, que κατα μιμησιν

qui soit conciliable avec l'apparence des monuments, et la seule qui puisse servir à la reproduction d'une langue parlée. Ce système bien compris, il faut renoncer à la langue cophte pour l'explication des hiéroglyphes.

Passant ensuite à l'examen des religions anciennes, j'ai fait voir qu'elles avaient pour base commune l'astrologie. C'est effectivement dans les principes de cette science, toute fausse qu'elle est, qu'il faut chercher l'origine des diverses théologies.

Lorsque je concourus pour la place de M. de Talleyrand, à l'Académie des inscriptions et belles-lettres, je fis distribuer à MM. les Académiciens, des tableaux lithographiés, représentant les passages des auteurs anciens relatifs à la langue sacrée et aux hiéroglyphes, et mis en rapport ; ce qui n'avait jamais eu lieu jusqu'à ce jour : en même temps je donnai, sur la méthode hiéroglyphique, un aperçu fort clair, et j'exposai une théorie des religions anciennes.

C'est par le moyen de l'astrologie judiciaire seule, et non point par l'astronomie scientifique ou agricole, ni par la physique proprement dite, qu'on peut expliquer les diverses cosmogonies et théologies anciennes ; et par conséquent toute la mythologie. L'astrologie judiciaire qui a joué dans l'antiquité, et même dans des temps assez rapprochés de nous, un rôle important, se lie bien mieux que l'astronomie simple,

---

doit s'entendre de la représentation du nom de la chose par l'objet qui porte le même nom. On a encore mal placé la virgule dans cet endroit ci : τροπικως δε, κατ' οικειοτητα μεταγοντες και μετατιθεντες... χαραττουσιν. Je crois qu'il vaut mieux écrire : τροπικως δε κατ' οικειοτητα, μεταγοντες και μετατιθεντες,... χαραττουσιν. Dans le premier cas κατ' οικειοτητα se rapporterait à μετατιθεντες, et τροπικως ne serait point expliqué ; tandis que, selon ma manière de ponctuer, il est bien expliqué. Dans ses notes, le traducteur de la *Vie de Pythagore*, par Porphyre, cite le passage de Saint-Clément d'Alexandrie, et met κατ' ιδιοτητα au lieu de κατ' οικειοτητα, ce qui prouve la justesse de mon observation. De sorte que la forme tropique ne s'exerce que sur le nom de l'objet représenté, et non point sur les divers sens auxquels il se rapporte ; autrement il ferait *allégorie*. Conçu ainsi, le passage de saint Clément est fort clair, fort rationnel, et s'harmonise parfaitement avec les passages des autres auteurs qui sont relatifs à la méthode hiéroglyphique. Je soumets cette observation aux hellénistes et aux archéologues de l'Europe.

aux idées religieuses. L'influence des astres sur les destinées humaines, la fatalité qui préside à leur action, leur donne bien plus de rapport avec les divinités régulatrices du monde, que s'ils étaient dépouillés de toute puissance sur les événements de la vie. Ce que dit Géminus (*Elem. d'astr.* ch. 6. *Des mois.*) que les Prêtres égyptiens ne tenaient nul compte dans leurs fêtes de l'époque de l'année, mais laissaient les fêtes parcourir successivement tous les jours de l'année, prouve bien que ni l'astronomie agricole, ni l'astronomie scientifique, n'eurent aucun rapport avec la religion, et que c'est à une autre source qu'il faut aller chercher l'origine de là théologie ancienne : et cette source ne peut être que l'astrologie.

Si l'on comprend que les divinités du paganisme prennent leur origine dans l'astrologie, leurs noms dans la langue sacrée, et la reproduction de ces noms dans les figures hiéroglyphiques, on sentira que le lien qui unit toutes ces choses, n'est point le fruit du hasard, ni du caprice humain ; mais l'effet de cette nécessité à laquelle tout est soumis dans ce monde, et qu'il n'était pas possible que les choses allassent autrement. Ce n'est donc qu'au moyen de l'astrologie, de la langue sacrée et de l'écriture hiéroglyphique, qu'on peut expliquer les fables anciennes et tous les dogmes anciens.

Mais dans tout ce que j'ai avancé je n'ai rien créé, rien imaginé : ce sont toujours les auteurs anciens qui m'ont mis sur la voie, et je n'ai eu qu'à les consulter et à suivre leur direction. J'ai fait des observations extrêmement curieuses et que personne n'avait faites encore.

C'est donc sur la triple autorité de la raison, de l'histoire et des monuments, que mes idées relatives aux hiéroglyphes égyptiens et aux religions de l'antiquité se trouvent établies : je ne crains pas de dire que jamais système n'a été ni mieux lié, ni plus affermi.

Pour donner la preuve de ce que je viens de dire, touchant la nature des divinités égyptiennes, leurs noms religieux et leurs symboles, je vais exposer quelques faits qui jetteront beaucoup de lumière sur la matière dont je m'occupe.

Pourquoi voit-on des zodiaques sur les monuments, et que veulent-ils dire dans ce cas ? Cette question m'a paru pouvoir être résolue à l'égard de quelques-uns, et c'est pour cela que j'ai jugé à propos de la traiter.

Je dirai d'abord que je ne crois pas que les signes du zodiaque aient été inventés pour désigner les diverses parties de l'année solaire : ce dernier usage est postérieur à l'établissement des zodiaques, qui, dans l'origine, n'ont servi qu'à marquer les rapports du cycle sidéral, avec la période planétaire. Dans mon cours, je ferai connaître la nature et l'origine des signes zodiacaux.

Je vais faire quelques observations sur le zodiaque rectangulaire de Dendérah (Voir la planche à la fin du volume, n° 1.)

Ce zodiaque est divisé en deux parties égales, qui comprennent chacune six signes. Dans la première bande on voit, le *Verseau*, les *Poissons*, le *Bélier*, le *Taureau*, les *Gémeaux* et le *Cancer*; mais cette dernière partie de la première bande, est fort remarquable par plusieurs motifs. (Les Égyptiens commençaient probablement le zodiaque à partir du capricorne.)

D'abord, le signe du cancer, qui, dans le zodiaque circulaire de Dendérah, est un crabe bien conformé, est ici une tortue. Cette tortue est évidemment déplacée ; elle a été mise de côté et posée sur les jambes de la grande femme qui enveloppe la bande, afin de faire place à un symbole qui ne pouvait point faire partie du zodiaque, puisqu'on ne le voit point ailleurs, et qu'il y est figuré en sens inverse par rapport à la bande.

Ce symbole se compose *du soleil lançant ses rayons, et d'une tête humaine sur une porte.*

Dupuy, qui a cherché à expliquer cet emblème, n'y put parvenir ; il se harsarda cependant à dire que ce symbole désignait un génie dirigeant le soleil. La tête humaine avait frappé ses regards, et sans examiner le signe sur lequel cette tête était placée, il décida que le tout indiquait un directeur du soleil. Il me semble qu'il est possible d'expliquer d'une manière plus claire la présence de ce symbole et sa destination.

Porphyre, dans son *Antre des Nymphes*, rapporte que les Egyptiens reconnaissaient au ciel *deux portes* : l'une située au tropique du cancer, et appelée la *Porte des hommes*, c'est-à-dire *vers les hommes*, était celle par laquelle les âmes venaient sur la terre animer les corps des hommes ; la deuxième, nommée la *Porte des dieux* ou *vers les dieux*, était placée au signe du capricorne, et avait pour usage de donner passage aux âmes qui, après la mort, remontaient au ciel. La première porte était la porte de la vie ; l'autre, la porte de la mort ou de l'enfer.

Or, il est facile de reconnaître l'analogie qui existe entre la porte des hommes, dont parle Porphyre, et le symbole que nous avons sous les yeux. Si nous comprenons bien cet hiéroglyphe, nous lirons : *des hommes porte* ou *humaine porte*, *hominum janua*, ou *humana janua*. La jonction de la tête avec la porte, est une manière d'indiquer un être humain sans distinction de sexe, ni d'état. C'est ainsi qu'on a représenté Typhon avec une tête d'âne, parce que le nom égyptien de Typhon est *Seth*, et que l'âne se nomme *Seth*. La *lance* ou *javelot* que tient Typhon, désigne le *sort*, la fortune : cela veut donc dire la fortune ennemie, ou la mauvaise fortune. Une tête d'ibis sur un corps d'homme tenant des instruments d'écriture, désignait l'*ibis-écrivain*, c'est-à-dire l'écrivain sacré, parce que l'ibis avait plusieurs significations, entre autres celle de hiérogrammate.

Il est donc évident que le symbole que je viens de décrire, signifie *porte des hommes* ; ce symbole désigne une naissance, puisque la porte des hommes était celle par laquelle les âmes descendaient du ciel à la naissance des hommes ; d'ailleurs, le scarabée placé à la tête de la deuxième bande, désigne, entre autres choses, la naissance, suivant Horapollon : ainsi la concordance est parfaite, et ne permet plus de douter de la signification que je donne à ce symbole.

Mais quelle est la naissance dont ces symboles nous présentent l'idée ? est-ce la naissance du soleil ? Non, évidemment ; car le globe solaire apparaît ici dans tout son éclat ; au solstice d'été, le soleil est dans toute sa force, et les jours sont les plus longs de l'année. La naissance du soleil aurait lieu plutôt au solstice d'hiver, quand la chaleur du soleil se fait sentir faiblement, et que les jours sont fort courts : L'analogie serait alors plus complète; quoique, dans la réalité, le soleil ne subisse aucune altération ; mais, en été, on ne comprend point la naissance du soleil : cependant on ne saurait douter que le soleil ne soit pour quelque chose dans cette naissance, puisque son globe figure ici avec beaucoup de splendeur.

Le même Porphyre nous apprend que les Égyptiens plaçaient la naissance du monde, au solstice du cancer. Il est donc probable que c'est cette naissance que désigne ici *la porte des hommes.*

Mais le signe du soleil placé au-dessus, exige une explication : Horapollon nous apprend que le soleil et la lune étaient la marque d'un grand siècle *ou éternité*, parce qu'ils sont les éléments du siècle.

Effectivement, la grande période ou éternité pendant laquelle tous les dieux étaient censé avoir régné successivement sur la terre, cette grande période était formée par la conjonctiou de toutes les planètes au même point du zodiaque au méridien, après un espace de temps qu'on estimait 36,525 années divines, ou 146,100 années communes, parce que les années *de Dieu* étaient composées de quatre ans : c'est pourquoi on donnait à l'année solaire de 365 jours, le nom de *quart.* Cette période n'était point calculée sur le mouvement exact du zodiaque et des planètes, mais elle était établie sur la période solaire de 1464 ans multipliée par 25 années divines, parce qu'on croyait que le soleil et la lune recommençaient leur course tous les 25 ans. Mais la période de 1464 ans n'avait été imaginée que pour établir la correspondance des deux années, de l'année civile de 365 1/4 jours, et de l'année religieuse de 365 jours ; en ajoutant une année tous les 1,460 ans, les deux années étaient en parfaite concordance.

Mais l'année religieuse était originairement de 360 jours, comme elle l'est encore dans l'astrologie et dans les religions orientales : et Géminus fait voir que l'année religieuse suivait toujours son cours sans s'occuper de la correspondance avec l'année solaire, ni avec les mois lunaires. Plutarque raconte que Mercure gagna à la lune, en jouant au

dés ; la soixante-douzième partie de l'année, dont il fit les cinq épa-
gomènes ou les jours ajoutés ; expression qui marque bien que l'année
n'avait pas d'abord le nombre de 365 jours. Ces cinq jours formaient
un *meisi* ou cercle, comprenant les noms des dieux. Quant au nombre
de 360, il est formé par la période de 30 ans, de la période de la planète
de Saturne, combinée avec la période de 12 ans, de Jupiter. Et cela se
conçoit très-bien, Saturne étant Mendès, et Jupiter, Osiris-Bacchus.
De cette façon l'année de 360 jours, devenue période de 360 années divines, formait une période de 1440 ans, laquelle combinée avec la période
de 25 années divines, ou de 100 ans, faisait 36000 années divines, ou
144000 années, formant un *éon* ou siècle ; et cette grande année se retrouve
dans l'Inde, à la Chine, etc. La demi période de 18000 ans, ou 72000
années communes, est fameuse à la Chine. La grande période multipliée
par des nombres gigantesques, est célèbre parmi les Brahmes ; mais tous
ces nombres divers ont toujours pour fondement l'année astrologique
de 360 jours. Cette année astrologique n'avait aucun rapport avec la
vie civile, ni avec la chronologie. Elle ne servait absolument que pour
le comput religieux et la divination. Les mois étaient également de
trente jours. Dans la haute antiquité, on ne connaissait pas les *ères*, points
fixe d'où l'on part pour compter les années ; et ces grandes périodes
ou *éternités*, réunissaient un nombre considérables d'années, pour sup-
pléer au défaut d'époque. On supposait que tous les événements qui
étaient arrivés dans le monde, durant une de ces grandes période ou
éternité, devaient naturellement se reproduire dans la période suivante.
Les points où la conjonction de toutes les planètes avait lieu, étaient
le cancer et le capricorne : c'est-à-dire que la période sidérale et la période composée des divers mouvements planétaires devaient se retrou-
ver au méridien dans l'un des deux points déterminés du zodiaque.
Dans le premier cas, la conjonction prenait le nom d'embrasement ou
de naissance du monde ; et dans le deuxième cas, celui du déluge ou de
fin du monde. La première conjonction était désignée par le soleil, et la
deuxième par la lune ; depuis la première conjonction et pendant la
première moitié de la période, le monde était considéré comme vivant :

depuis la deuxième conjonction, la conjonction du capricorne, et durant toute cette demi période, le monde était regardé comme mort. C'était une opinion générale dans l'antiquité, que de semblables morts et résurrections cosmiques étaient arrivées plusieurs fois.

Il est donc croyable que le zodiaque rectangulaire de Denderah, représente l'époque de la naissance du monde ou l'embrasement. Le soleil est ici la marque de la naissance du monde, car le soleil n'était point adoré pour lui-même. On a prétendu que le soleil était Typhon ; c'était donc le génie du feu, le mauvais commencement ou le mauvais principe chez les Égyptiens, adorateurs de l'eau, devenu le bon commencement, le bon principe, chez les Chaldéens adorateurs du feu, sous le nom de Moloch ; chez les Persans, sous celui de Mithras ; chez les Brahmes, sous celui de Vichnou et de Bouddha chez les Samanéens (le *Fô* des Chinois).

Le tout doit donc se lire : *la porte humaine du soleil*, c'est-à-dire la naissance du monde, la conjonction des planètes au signe du cancer.

La tortue a certainement rapport à la porte du] ciel : effectivement, en grec Χελωνις signifie le seuil d'une porte,, et *testudo* en latin signifie un vestibule, une voute ; en sanscrit, *capata* signifie *porte* et *camata* tortue. Nous verrons tout à l'heure figurer la tortue sur un monument, où, très-certainement, elle est l'indice d'une porte.

Je crois que les deux signes qui se trouvent entre les deux parties de ce zodiaque, au plafond du temple de Denderah, ont rapport à la venue d'Ammon pour la naissance du monde.

Je vais parler maintenant du zodiaque du cercueil de Pétéménon ou Ammonius (Voyez le voyage à Meroë, de M. Caillaux, planche 69).

Dans la caisse qui renfermait le corps de ce jeune Égyptien, mort à l'âge de vingt ans, il se trouve un zodiaque peint (voyez notre planche n° 2) ; et uniquement composé des douze signes ordinaires (ce qui prouve que les figures intermédiaires des signes ne sont pas fort importantes), à côté de ces douze signes se trouve une grande figure de femme, que je crois être Sothis, la vie, le *spiritus*, l'air, le mouvement, la vertu qui met en mouvement toutes ces choses, ou bien l'âme du défunt.

La disposition des signes est absolument la même que dans le zodiaque de Denderah : ainsi, on voit qu'il existe entre eux une idée commune.

La présence d'un zodiaque dans un cercueil, est une chose fort extraordinaire : mais ce qui ne l'est pas moins, c'est l'apparition d'une tortue à la place du signe du cancer, et le déplacement du signe du capricorne, qui se trouve loin de son rang, et mis près de la tête de la femme : près de lui sont quatre tortues. Le soleil se voit au-dessus de toute cette scène. Le capricorne et les quatre tortues sont tournés vers le bas, tandis que les autres signes sont dirigés vers le haut.

Je vais donner l'explication de ces divers emblèmes.

Porphyre, que j'ai déjà cité, nous dit que les âmes venant à la génération, descendaient par le signe du cancer, et que celles qui remontaient au ciel, c'est-à-dire les âmes des morts, passaient par le signe du capricorne.

Telle est précisément la destination du symbole que nous avons sous les yeux : le *capricorne* éloigné de sa place, vers les mains de la femme, désigne le retour de l'âme du défunt vers les cieux, c'est-à-dire que le jeune homme est mort.

Plusieurs faits viennent fortifier cette conjecture. Plutarque nous apprend que le lieu ou les âmes se rendent après la mort se nommait *Amenthès*, nom qui signifie aussi, *celui qui donne* et *celui qui reçoit*. Or, Hérodote nous dit que le bouc s'appellait *mendès*, en langue égyptienne (sacrée), et que le dieu qui portait ce nom était représenté par un bouc (c'est le dieu Pan). De plus, la fable grecque raconte que Pluton, amoureux d'une nymphe appelée *Menthe*, s'en vit priver par la jalousie de Proserpine, qui la métamorphosa en plante ; à cause de cela, Pluton fut surnommé Amenthès, c'est-à-dire privé de Menthe. On voit fort bien le rapport de nom qui unit la fable grecque à la fable égyptienne.

Maintenant il n'y a plus de doute sur le nom et le sens de l'emblème : les âmes, en remontant au ciel, passaient par l'*Amenthès* ou par chez Pluton, c'est-à-dire par le bouc ou le capricorne, et ceci est fort clair. Dès lors les quatre tortues qui sont placées en face de ce bouc, désignent la *porte des dieux*, ou plutôt la porte divine, la divine porte, *divina janua*. Le nombre quatre désigne la divinité (comme je le ferai voir dans mon cours), et la *tortue* la *porte*, comme nous l'avons vu tout à l'heure dans le zodiaque de Denderah : le tout doit donc se lire : la porte *des dieux Mendès* (parce que *Mendès* avait aussi d'autres significations, même comme signe céleste. Il ne faut pas prendre Mendès comme un dieu dans ce cas-ci).

Toutefois il nous reste un fait à éclaircir. Le signe du capricorne n'est pas exprimé par une figure simple ; cette figure est composée d'un corps de bouc joint à un corps de poisson. Or, cette jonction n'est point à dédaigner : elle signifie quelque chose. Porphyre nous apprend que les âmes habitent ordinairement l'*eau*, qu'elles sont toujours *humides* et sont naturellement *froides*. Le Tartare était un fleuve d'enfer, une espèce de marais. Ainsi le corps du poisson désigne l'eau. Ce n'est donc point un *bouc* que nous avons à expliquer, mais un poisson. Dans l'Inde, le capricorne est représenté à peu près comme le nôtre, s'appelle *macara*, et est un grand poisson. Il joue, dans le déluge indien, un rôle que je ferai connaître plus tard. Au reste, on sait qu'il existe un poisson qui se nomme *bouc*, en grec et en latin : c'est donc le *poisson-bouc* dont il s'agit ici ; et *le bouc-poisson*, en suivant la forme hiéroglyphique. Ce poisson est le *léviathan*, ce dragon énorme dont il est question dans Job et dans Isaïe : et leurs noms ont une signification semblable. *Mendès* signifie *donner et recevoir* ; et *léviathan* signifie *donner mutuellement*. Mendès ou Pan était chez les Égyptiens adorateurs de l'eau, le bon commencement ou le bon principe ou *Knef*, et chez les Chaldéens, les Persans, etc., adorateurs du feu, le mauvais commencement, le mauvais principe : c'est pourquoi on représente le diable avec des cornes de bouc. J'expliquerai toutes ces choses dans mon cours.

J'ai fait aussi des remarques sur la nature de certains signes du zodiaque et sur des signes de planètes. J'en parlerai dans mon cours.

Mendès ou Pan est donc le même que Pluton, et le même que Neptune J'expliquerai tout cela à mon cours.

On ne saurait nier que la tortue, que l'on voit à la place du signe du cancer, n'ait trait à la naissance du jeune homme, en désignant *la porte des hommes,* par où l'âme était venue du ciel, animer le corps de l'infortuné *Pétéménon ;* et ne soit mise en opposition avec ces quatre tortues, ou la porte des dieux, correspondant au capricorne par où son âme retourna au ciel. La présence du soleil planant sur toute cette scène, donne lieu de penser qu'il est question ici de l'idée de la mort : Porphyre dit que le soleil indique l'ascension des âmes vers le ciel et la lune leur descente sur la terre. C'est aussi ce que désigne probablement la direction du zodiaque vers le haut, et ces vingt-quatre figures, qui sont tournées vers le haut et tiennent les mains levées, sont peut-être les constellations extrazodiacales, qui veillaient sur les vivants et sur les morts. Il est donc à croire que la nature des deux zodiaques que je viens d'expliquer est toute théologique et non point astronomique comme on l'a cru.

Les zodiaques annonçant naissance ou mort porteraient donc des tortues à la place du signe du cancer.

Je crois que l'explication que je viens de donner est la plus vraisemblable qu'on puisse présenter, car rien n'est plus singulier qu'un zodiaque dans un cercueil : et l'on doit lui donner un motif qui soit plausible ; il n'en est point de plus rationel que celui que je viens d'indiquer. On voit donc que de ces deux zodiaques, l'un désigne le feu, l'embrasement ou la naissance du monde, et l'autre l'eau, l'inondation, la fin du monde, la mort.

Un fait important, et qui vient à l'appui de ce que j'ai dit touchant la signification du zodiaque rectangulaire de Denderah, c'est ce que je vais énoncer.

Saint Pierre, dans sa deuxième épître, ch. 3, v. 7, dit : « Or, les

» cieux et la terre d'à présent sont gardés avec soin par la même pa-
» role, et sont réservés pour être brûlés par le feu , au jour du juge-
» ment et de la ruine des impies; v. 10, or , comme un larron vient
» durant la nuit, aussi le Seigneur viendra tout d'un coup, et alors
» dans le bruit d'une effroyable tempête, les cieux passeront, les
» éléments embrasés se dissoudront, et la terre sera brûlée avec tout
» ce qu'elle contient; v. 12, attendant et comme hâtant par vos
» désirs l'avènement du jour du Seigneur, où l'ardeur du feu dissou-
» dra les cieux, et fera fondre tous les éléments. (Mélange des planè-
» tes.) V. 13, « Car nous attendons, selon sa promesse, de nou-
» veaux cieux, une nouvelle terre, où la justice habitera. »

Il est donc évident que, selon les paroles de saint Pierre, au jour
du jugement, la terre sera brûlée et renaîtra de nouveau. Or, ceci se
rapporte au premier zodiaque égyptien que nous avons examiné, et
où la renaissance du monde est caractérisée par la *porte humaine*, au
signe du Cancer ou solstice d'été. Cette renaissance portait le nom
d'embrasement, comme la fin du monde portait celui du déluge.

Le portail de Notre-Dame de Paris nous fournira la preuve de ce
que je viens de dire.

Le grand portail de Notre-Dame représente dans le haut, diverses
scènes du jugement : le pèsement des âmes; la précipitation des réprou-
vés dans l'enfer; la glorification des bienheureux. A la porte à gauche ,
dite de la vierge, se trouve un zodiaque. (V. n°3). Les deux signes su-
périeurs sont : à droite, le cancer; et à gauche, le lion : l'ordre des autres
signes est celui-ci : au-dessous du cancer ou l'écrevisse, se trouve un
sculpteur, qui occupe la place de la vierge; puis une femme portant la
balance ; ensuite le scorpion, le sagitaire et le capricorne : dans la
colonne de gauche, en remontant de bas en haut, on voit le verseau
les poissons, le bélier, le taureau et les gémeaux : ce dernier signe
est donc immédiatement au-dessous du lion. Cette direction des signes
de haut en bas, avec retour de bas en haut vers la gauche, direction
identique avec celle du zodiaque de Denderah, porte à croire que la
même idée a présidé à la confection de ces deux zodiaques, la résurrec-

tion du monde : et la présence même d'un zodiaque sur la porte de Notre-Dame, est un fait assez singulier pour qu'on en cherche la cause. Mais le rapport qui existe entre la scène représentant le jugement, et ce signe de l'écrevisse qui occupe autour de la porte (représentant la *porte des hommes*), la première place, la place d'honneur, nous fait voir que l'un est une dépendance de l'autre ; et que la tradition qui nous apprend que le monde doit être détruit par le feu, comme il l'a déjà été par l'eau, mais qu'il doit renaître ensuite, ne s'en est pas tenue à représenter la scène seulement ; mais qu'elle a voulu déterminer l'époque en donnant un zodiaque qui se rapporte à l'embrasement du monde. L'église n'a jamais dédaigné d'admettre les symboles que l'usage des païens avait consacrés à l'expression de certaines idées analogues aux siennes.

Je crois qu'on ne saurait expliquer plus naturellement la présence du zodiaque sur la porte de l'église Notre-Dame, et la mise en évidence du signe du cancer.

Les zodiaques éoniens ou cosmogoniques, c'est-à-dire ceux qui se rapportent à la grande période complète, ou *éon ou grand siècle*, se rencontrent assez fréquemment : ce sont les zodiaques indiens et les zodiaques chaldéens ; puis ces zodiaques qu'on aperçoit sur les monuments grecs ou romains, et qui contiennent un dieu *Pan*, placé au milieu d'un cercle où sont figurées les planètes, et d'un autre cercle extérieur où sont exposées les douze signes zodiacaux : au lieu du dieu Pan, on voit souvent un dieu Sérapis et une Isis, représentant le soleil et la lune ; ou plutôt les deux conjonctions, les deux parties de la période. Lorsque je tiendrai mon cours sur les hiéroglyphes et les religions anciennes, je ferai voir qu'un grand nombre de formes emblématiques se rapportent à ces trois points capitaux : l'éon ou cercle entier : la conjonction des planètes au cancer, ou la *naissance du monde*, et la conjonction des planètes au capricorne, ou *et la fin du monde* ; et que le monde, après avoir été considéré comme mort pendant la moitié de la période, est censé renaître et vivre pendant la deuxième moitié, et remourir encore pour renaître alternativement.

Maintenant, si nous déduisons des faits que nous avons constatés, les conséquences principales qui en découlent, nous reconnaîtrons :

1° Que parmi les zodiaques qui apparaissent sur les monuments, il en est quelques-uns (sinon tous) qui se rapportent plus particulièrement aux idées cosmogoniques ou théologiques, et non point aux simples notions astronomiques ; puisque l'on voit que le zodiaque rectangulaire de Denderah, et le zodiaque de Notre-Dame indiquent la naissance du monde ou l'embrasement ; et que le zodiaque de la Caisse de Pétéménon marque le retour de son âme vers le ciel.

2° Que la *tortue* a essentiellement rapport aux *portes du ciel* ; comme on le voit au zodiaque rectangulaire de Denderah, et dans deux endroits remarquables du zodiaque de Pétéménon : tandis que dans tous les autres zodiaques égyptiens, on ne voit point de *tortues*, mais des *crabes* bien conformés.

4° Que les signes du zodiaque ont un rapport déterminé avec la langue sacrée ; puisque le bouc *Mendès* est encore l'indicateur du lieu du séjour des âmes (Amenthès), et le nom d'un poisson, par jonction du corps du bouc avec celui du poisson.

5° Que les signes hiéroglyphiques reproduisent la langue sacrée, comme je l'ai déjà dit : soit cyriologiquement, en représentant le nom de l'objet par l'objet même ; comme la tête humaine tenant à la porte (la tête humaine, abrégé du corps humain) ; la porte des hommes, *humana janua* : soit symboliquement, par imitation du nom, comme le bouc qui se nommant *Mendès*, désigne un lieu et un poisson qui portent aussi le nom de *Mendès*.

Il faut ajouter à ces données ce que j'ai dit dans mes lithographies du nom de *Seth* ou de Typhon, l'*ennemi*, représenté par un *âne*, nommé *Seth* selon *Plutarque* : et du nom d'*Osiris*, représenté par un sceptre *os* et un œil *iri*, selon le même Plutarque : ce dernier exemple se rapporte à l'emploi tropique des signes sous le seul rapport de leur noms.

6° Que dans les conjonctions de signes, la première partie désigne toujours le nom d'espèce, et la deuxième partie le nom de genre. Comme le capricorne, dont la première partie désigne l'espèce de poisson appelé bouc ou *Mendès*; et la deuxième partie, le genre, le poisson.

Je déduirai de ces faits de nouvelles conséquences que j'exposerai dans mon cours.

Ainsi donc, se vérifie tout ce que j'ai annoncé dans mon cours, et tout ce que j'ai exposé dans les lithographies que j'ai fait distribuer à MM. les membres de l'Académie des inscriptions et belles lettres. Il n'en est point de ceci comme du système de Champollion ou de tout autre système, où tout est conjectural et hasardé. Mais ici c'est la vérité prise sur le fait, c'est l'histoire mise en rapport avec les monuments. Dans la lecture du nom de Ptolémée, Champollion a pu se tromper, parce que rien ne déterminait l'endroit précis ou se trouve ce nom, ni la quantité de signes nécessaires pour sa reproduction; et que Champollion ignorait la nature même du système hiéroglyphique : mais ici il n'y a pas moyen de se tromper; les signes du zodiaque sont connus de tout le monde, et il n'est pas possible de les déplacer sans qu'on ne s'aperçoive du déplacement et sans qu'on ne demande pourquoi il a eu lieu : surtout dans un zodiaque rectangulaire, la position des signes ne peut jamais faire équivoque : de même, il n'est pas possible d'ajouter quelques autres symboles, sans que ces nouveaux symboles n'excitent notre attention et que nous ne cherchions à en pénétrer le motif. Dès lors on conçoit aisément, en se reportant toujours aux idées théologiques égyptiennes qu'il ne faut jamais séparer de l'étude des hiéroglyphes, que l'explication que je viens de donner est aussi positive que complète.

ERRATA.

P. 3, l. 3, au lieu de *éthiopiennes et cophthes*; lisez : *éthiopienne et cophthe* — P. 5 (note), au lieu de *allégorie*; lisez : *imitation*. — P. 10, l. 29 et p. 15, l. 17, au lieu *du déluge*; lisez, *de déluge*. — P. 11, l. 23, au lieu de *signes*, lisez *scènes*. — P. 11, lig. dernière, au lieu de : *à côté*; lisez : *au milieu*. — P. 12, l. 5, au lieu de *entre eux*; lisez, *entre ces deux zodiaques*. — P. 13, l. 14, au lieu de *jointe*; lisez, *joint*. — P. 14, l. 14, lisez : *et tiennent les mains levées*; ces vingt-quatre figures : *sont peut-être, etc.* — P. 16, l. 30, *ou et la fin du monde*; supprimez *et*.

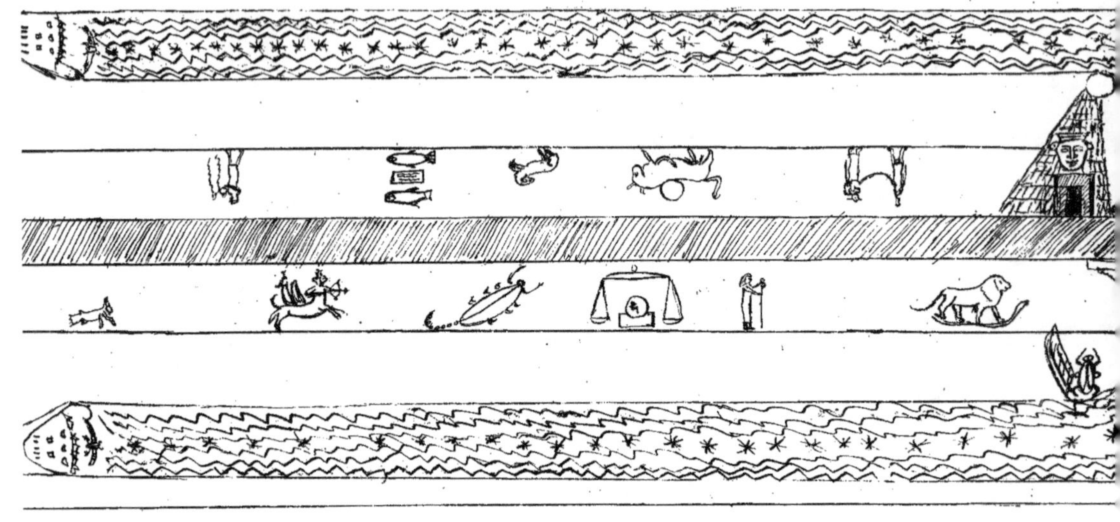

No. 1 zodiaque Rectangulaire de Dendérah

No. 2 zodiaque du Cercueil de Pétéménon

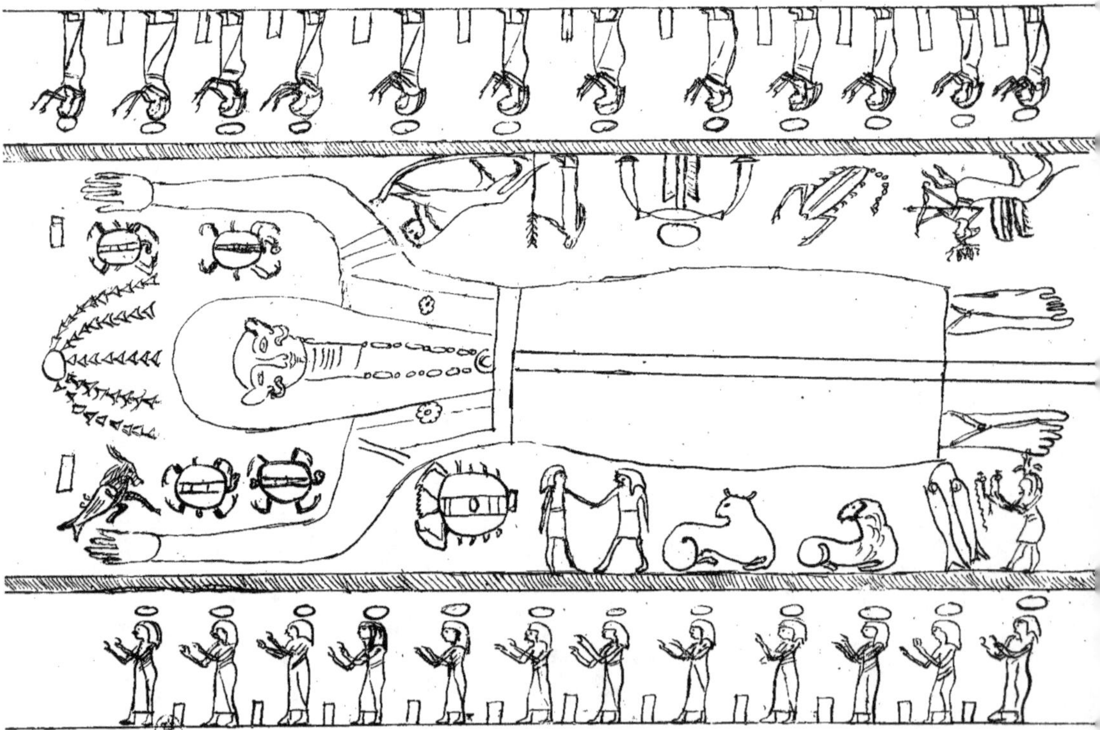

No. 3 zodiaque
Portail de l'Église Notre-Dame de Paris

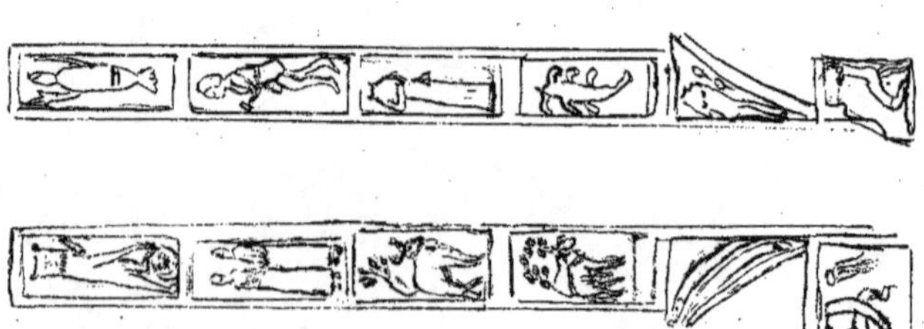

www.ingramcontent.com/pod-product-compliance
Lightning Source LLC
Chambersburg PA
CBHW050807070726
47595CB00015B/3013